La Duchesse de Polignac.

# CORRESPONDANCE

## DE LA REINE

AVEC D'ILLUSTRES PERSONNAGES.



1790.

# PRÉFACE.

LA personne qui a recueilli ces lettres et qui les publie, a commencé par être mise dans la confidence des intrigues qu'on va lire; elle a fini ensuite par être la victime du pouvoir absolu dont elle avoit favorisé les vices. Telle est presque toujours la destinée des agens secrets des princes; on court de gros risques en ne les servant pas, on en court de bien plus grands encore après les avoir servis. Aussi l'état le plus critique de la vie, est-il celui d'un homme obligé de vivre à la cour: c'est le séjour d'un orage continuel; la foudre y gronde sur toutes les têtes, et la prudence même la plus consommée n'y a pas de paratonnerre.

On demandera peut-être comment tant de lettres diverses ont pu se trouver dans un même porte-feuille. Le public doit être assez satisfait de les voir recueillies, sans porter sa curiosité plus loin ; qu'il lui suffise de savoir qu'elles ne sont pas le fruit de l'imagination, et que plusieurs originaux sont encore dans les mains de l'éditeur. Ces lettres pourront servir de supplément au mémoire de madame DE LA MOTTE, cette femme aussi célèbre qu'intriguante, et aussi innocente que malheureuse. Sa justification eût pu être plus éclatante ; mais on oublie quelquefois, au sein des intrigues, les malheurs qui en sont souvent les suites ; on vit dans la sécurité, et l'on égare, l'on déchire ou l'on brûle les pièces faites pour jetter un jour lumineux sur l'innocence des confidens des grands.

# LETTRE

## De la Reine à Madame de Polignac.

Ce que nous craignons n'est que trop vrai, et j'en suis outrée. L'homme rouge (1) ignore sans doute ce que peut une femme outragée quand elle est puissante : elle a le droit de tout frapper et de tout nier. Oui, ma chère, cet être qui ne sait ni jouir ni se taire, ce qui est le plus triste état de l'homme, a fait les ducs de Lauzun et de Luxembourg ses confidens. Ceux-ci se sont amusés aux dépens de l'indiscret, et vous imaginez bien que les coups qu'on lui a portés m'ont un peu effleuré ; ce sera trois victimes au lieu d'une.

(1) Le cardinal de Rohan.

Ce que vous savez n'est pas encore obtenu ; mais patience. Nous formons dans une heure cent projets et vingt parties de plaisir ; il nous faut des mois entiers pour exécuter les uns, et des semaines pour préparer les autres. On a beaucoup juré (le roi) hier au soir ; mais du nectar et quelques carresses ont remis le calme : on a tout promis ; le vieux comte (1), dans son insouciance, sourioit et ne contrarioit pas : c'est le seul rôle que j'aime à lui voir jouer. ADIEU.

---

# BILLET

De l'abbé DE VERMONT à l'archevêque de Toulouse. (M. de Brienne).

---

JE ne perds rien de vue, monseigneur ; la reconnoissance que je vous

(1) M. de Maurepas.

dois m'anime dans la carrière, et ma science dans les intrigues présentes, est le présage que je remplirai ma course avec succès. Le cœur de la reine m'est parfaitement connu ; je sais tous ses penchans ; je la suis dans tous ses goûts, et je saurai profiter de toutes ses foiblesses. Flatter les grands dans leurs défauts, et ne leur donner des avis que pour mieux favoriser leurs vices, c'est la route à la faveur, et l'acheminement à une confiance sans bornes. La reine est une de ces femmes à passions fortes, et conséquemment susceptible de faire beaucoup de bien ou beaucoup de mal. Née avec un attrait irrésistible au plaisir, trop fière pour n'être pas au-dessus de tout, ses desirs sont ses loix ; il faut la corrompre pour l'enchaîner ; vindicative à l'excès, il faut redouter son ressentiment ; bonne par amour-propre, plutôt que par caractère, elle accorde par orgueil, et punit par caprice. Elle n'a rien du climat d'Allemagne ; c'est un composé singulier de ce qui immortalisa Médicis et Messaline ; son trône est inébranlable ; la crédulité du roi en est la base.

A ce tableau, offert aux regards de la reconnoissance et de la discrétion, vous devez juger ; monseigneur, que le règne des favoris doit être fort court, et la chûte dangereuse. Aussi parle-t-on du renvoi de madame de Guémenée ; la disgrace de la niece refroidira sans doute l'intérêt qu'on porte á l'oncle ; et je ne doute point que le cardinal de Rohan n'abandonne le hardi projet de devenir premir ministre.

J'aurai soin de vous instruire de tout ce qui se passera ; et les occasions de vous citer à la reine ne se présenteront point en vain.

# BILLET

## Du Baron DE PLANTA (1) au Cardinal DE ROHAN.

JE me suis acquitté de la commission de M. le cardinal ; ses désirs ne seront remplis qu'après demain au soir. Tout sera dans l'ordre le plus convenable ; ce seront les grâces qui folâtreront avec Anacréon.

(1) Ce baron a toujours été pour son éminence, ce que Bonneau étoit pour Charles VII.

# LETTRE

Du Cardinal de Rohan au Comte de Cagliostro.

Vous êtes bien plus heureux que moi, mon cher comte ; vous méprisez trop la faveur pour craindre ses disgrâces ; et vous connoissez trop son inconstance, pour vous fier jamais à ses caresses. Je suis depuis deux jours dans une inquiétude cruelle ; la reine ne me paroît plus la même, et madame de la Motte me semble un peu refroidie. Le ton sérieux et imposant de la majesté qu'on prend avec moi, me jette dans les plus vives alarmes ; je n'ai plus que des idées tristes, et de noirs pressentimens ; je crains qu'un projet si bien conçu, si près de son exécution, ne soit sur le point de s'évanouir. O vous, à qui la science a ouvert toutes ses routes, et la nature tous ses ses secrets (1), venez me dire si le bonheur est sur le bord d'un abîme, et si le pilote qui contemple le port, doit échouer, quand il a déja un pied sur le rivage. Affermissez-moi, ô mon cher comte ! une saine philosophie vous arma toujours contre les revers attachés aux destins des hommes ; inspirez à mon ame abattue

(1) On ne répétera point ici cette multiplicité de circonstances où le cardinal, a si bien montré son foible pour un être aussi original que Cagliostro. On remarquera seulement ce qu'on a pu dans des temps d'ignorance sur des femmelettes ou des esprits débiles, puisque dans un siècle de lumières, il se trouve un homme instruit, un membre de l'académie françoise, adopter les chimères d'un imposteur vagabond.

toute la force dont la vôtre est susceptible ; nourrissez de vos conseils un cœur découragé par les circonstances. Vous savez quel est l'usage que je devois faire de la faveur ; ses premiers regards ne devoient-ils pas se fixer sur vous.

---

# LETTRE

## Du Comte DE CAGLIOSTRO au Cardinal DE ROHAN.

JE vous plains bien sincèrement, M. le cardinal, et je desire que vous cessiez d'être un peu moins courtisan, pour devenir un peu plus homme. Vous vous perdez dans les espaces de l'ambition, et personne n'est mieux fait que vous pour connoître et suivre le sentier du bonheur. Ce qui m'a toujours beaucoup étonné dans le monde, c'est cette manie de ses partisans à desirer, lorsqu'ils ont à jouir, et à solliciter des riens, lorsqu'ils ont des possessions réelles. Vous ambitionnez un titre, en avez-vous besoin ? Vous cherchez à être premier ministre à la cour, et vous seriez un dieu, si vous vouliez, dans votre évêché. Ah ! que César pensoit juste, lorsqu'il disoit qu'il aimoit mieux être le premier dans un village, que le second dans Rome. Il savoit que l'indépendance fait la félicité, et que cette indépendance ne se trouve jamais aux pieds du trône, ni dans le sein des intrigues. Vous ne me paroissez, dans tous vos brillans projets, qu'un esclave abusé, qui, pour s'endormir sur sa servitude, ne cherche qu'à dorer la chaîne qui le lie. D'ailleurs, M. le cardinal, et que ceci soit de vous à moi, connoissez-vous bien la lice où vous voulez entrer ; et la carrière que vous desirez fournir ? Avez-vous pesé les avantages de la place où vous aspirez ? sont-ils en raison de ses inconvéniens ? A dieu ne plaise, M. le cardinal, que je sois prophête : mais je crains que votre plan d'élévation ne soit un acheminement à une chûte bien profonde. Vous êtes entouré de rivaux, et conséquemment d'ennemis ; la reine, ne vous abusez pas sur son compte, n'aura les yeux fixés sur vous que le temps du caprice ; le charme détruit, on aura d'autant plus de motifs à vous eloigner, qu'on aura une espèce de bonté à vous voir. Il n'y a point d'êtres que les femmes traitent aussi cruellement que ceux qui ont été et qui ne sont plus les témoins de leurs foiblesses. La reine d'ailleurs a, dit-on, une passion plus forte que celle qu'on a pour les hommes ; toutes les aspirantes à la faveur, seront autant d'obstacles à surmonter ; et vous finirez par être la victime d'un sexe toujours plus adroit que nous. Je vais plus loin : redoutez une reine qui s'écarte du devoir ; elle ose tout, elle pourra tout. On lui connoît un caractère inégal, sans principes comme sans vertus ; elle vous fera briller un jour, et son plaisir le lendemain sera de vous écraser. Croyez là-dessus un homme assez sage pour y bien voir, et un ami assez franc pour ne pas vous cacher la vérité.

# LETTRE

## De la REINE à l'abbé DE VERMONT.

VOUS irez sur les cinq heures chez le jeune COMTE (1), vous lui direz qu'on

(1) M. d'Artois.

l'attendra chez la FAVORITE (1) jusqu'à sept ; que de-là on se rendra INCOGNITO au PALAIS D'ARMIDE, et que l'on espère que Renaud n'y aura jamais été plus tendre. Vous irez ensuite chez le MANCHOT (M. de Ségur), et lui demanderez de ma part, l'expédition du congé dont je lui ai parlé. Que son premier ouvrier (M. de S. Paul) n'y apporte aucun retard ; je n'aime ni les réflexions ni les négligences.

# LETTRE

## De M. DE CALONNE à Madame JULES DE POLIGNAC.

J'AI fait payer ce matin le BON signé du roi ; je me féliciterois, si mon em-

(1) Madame Jules.

pressement à remplir les desirs de la reine, pouvoit lui être une preuve de mon dévouement. Je sens parfaitement comme elle tout le ridicule de cette assemblée, à laquelle j'ai donné lieu ; (1) mais les esprits fermentoient, et il falloit un égide respectable pour parer à tous les traits. Ils ne feront rien sans nous, et nous ferons tout sans eux. Ce sont de grands ressorts dont nous nous servirons pour faire jouer la grande machine. Que sa majesté ne tremble donc point à l'aspect de cet épouvantail formidable ; il faudra moins de temps pour le détruire, qu'il n'en a fallu pour l'établir. Il faut fasciner les yeux du françois ; et quand on sait bien lui

---

(1) L'assemblée des notables, ces grands acteurs d'une si petite scène ; car que font-ils ? Les choses naissent quelquefois des mots. NOTABLES, en anglois, signifie gens bons à rien.

offrir l'illusion, il croit tenir la réalité, et est content.

# LETTRE

## De la Reine à M. de Calonne

Faites tout votre possible, mettez tout en œuvre pour que l'emprunt ait lieu. Ayez le talent d'un bon peintre, variez vos couleurs, et embellissez même la laideur du tableau. La France a des ressources, et la gêner pour un moment, n'est pas la perdre pour toujours. L'état est trop craintif, quand il s'agit d'augmenter les impôts ; c'est exciter à la mutinerie, plutôt que de porter à la subordination. Commandons avec fermeté, et l'on obéira sans murmure. J'attends tout de vos soins ; espérez tout de mes bontés.

# LETTRE

## De l'abbé DE VERMONT à M. DE BRIENNE.

AVEC moins de connoissances et moins de génie que vous monseigneur, j'ai peut-être sur la cour une idée plus juste que celle que vous pouvez en avoir vous-même. Les rôles qu'on y joue me sont plus naturels ; les particularités me sont plus connues ; esprit profond, vous voyez tout en grand ; moi plus souple, et plus à portée, j'entrevois les petits détails ; et à la cour, les riens mènent au tout. La faveur dans ce pays roule uniquement aujourd'hui sur ses deux pivots : les caprices multipliés de la reine, et son empire presque inconcevable sur le roi. Plus orgueilleuse que sensible, plus voluptueuse que tendre, elle veut goûter tous les plaisirs, et disposer de toutes les grâces. Rien ne se fait que par elle ou pour elle. Il est sans doute dangereux de se livrer entièrement à ce singulier caractère et une confiance aveugle pourroit entraîner bien des désagrémens. Mais comme la reine a des désirs sans cesse renaissans, et qu'elle ne peut les satisfaire, qu'en se confiant la première, vu les entraves de l'étiquette, on est plus tranquille; on craint moins; ses foiblesses rassurent ses favoris; ils sont presque sûrs que sa faveur sera stable; il ne s'agit que de lui persuader qu'on est toujours utile à ses projets et à ses plaisirs. Voilà pourquoi le maréchal de Ségur a tenu pendant quelques années le porte-feuille de la guerre; c'est qu'esclave continuel des volontés de la reine, il ne nommoit aux emplois que selon les caprices de sa majesté. Voilà pourquoi l'évêque d'Autun a depuis si long-temps la feuille des bénéfices, c'est que la main de la reine l'a toujours remplie. Voilà enfin pourquoi madame Jules est continuellement la favorite, c'est que cette duchesse de nouvelle date a parfaitement connu le foible de sa maîtresse ; qu'elle s'est pliée à ses penchans bizarres, et que pour posséder son cœur, elle a participé à ses vices.

Aussi, monseigneur, si vous parvenez jamais au ministère, vous ne vous y soutiendrez qu'à force d'adresse, de finesse ; tranchons le mot, qu'à force de basses complaisances. La vertu rarement est sur le trône ; et ce sont toujours les vices qui occupent les degrés. La reine est très-portée en votre faveur, et je ne doute point que vous ne soyez le premier choisi pour être mis á la tête des affaires. Le prince de Condé a désiré être premier ministre; on a craint la loyauté attachée jadis à ce nom. Le prince Lambesc a fait aussi quelques effots ; on a pâli à l'aspect des vertus de madame de Brionne, et le fils a été renvoyé à ses écuries.

---

# LETTRE

## De la REINE à Madame DE POLIGNAC.

LE jeune Comte (1) veut absolument que nous allions demain à Bagatelle ; il faudra le contenter ; qu'en pensez-vous? Ce n'est pas tout-à-fait l'homme qu'il nous faut ; il est ou trop léger, ou trop retenu ; avec nous, les excès sont toujours condamnables. Avez-vous ouï par-

(1) Le comte d'Artois.

ler du petit écuyer (1) ? Dites-moi tout ce que vous aurez appris, je suis un peu capricieuse, je m'intéresse encore à lui. Ne me disiez-vous pas l'autre jour qu'en fait de bonheur, il falloit goûter tous les plaisirs pour être heureuse ? Ce système me plaît, et je veux m'y tenir. Notre projet a réussi ; l'archevêque est ministre ; qu'il apprenne cette nouvelle par vous, se sera uu motif de plus à la reconnoissance. J'ai vu hier le Duc bourgeonné (2) ; il fut froid et fade, je ne le connois guère qu'à ces traits.

---

(1) Nous ignorons quel peut être ce petit écuyer ; est-ce un nom fictif pour exprimer un être réel ? nous n'en savons rien. Est-ce le duc de Coigni, dont la chronique a tant parlé « nous n'oserions l'assurer. C'est à madame de Polignac, l'honnête matrône de la cour, à nous donner la liste des mignons du règne d'Antoinette.

(2) Le duc d'Orléans.

# LETTRE

## A M. le Cardinal DE ROHAN (1).

C'EST ici, monseigneur le cardinal, une mutation continuelle ; la chûte des uns est une élévation pour les autres. L'archevèque de Toulouse vient d'être nommé ministre ; et avec la souplesse dont vous le savez susceptible, il est à présumer qu'il tiendra long-temps le dé. Cette nomination sort du cabinet de la reine, et ce sera sans doute un nouveau Wampire pour l'état. Avec du génie, que

(1) Nous ne connoissons pas l'auteur de cette lettre ; elle nous est tombée sous la main sans être signée ; il est cependant à présumer qu'elle est de l'aumônier des Thuileries qui correspondoit avec le Cardinal.

que personne ne lui refuse, il sera peut-être de grandes sottises, ce que tout le monde craint. On dit ici, car il faut que le François rie toujours, et qu'il mêle quelques plaisanteries à ses malheurs, on dit que les affaires n'en iront pas mieux, quoique le ministre soit au régime.

On jetta, il y a deux jours, dans la chambre du roi, un distique de la dernière force; heureusement le baron de Champlost, premier valet-de-chambre, sut le soustraire aux yeux de sa majesté (1).

---

(1) Nous sommes fâchés de n'avoir pas ici ce distique; mais en voici un autre qui dédommagera le lecteur :

Louis, si tu veux voir
Bâtard, cocu, putain,
Regarde ton miroir,
La reine et le dauphin.

Les libelles aujourd'hui courent en France, comme les vaudevilles y couroient autrefois.

Votre disgrace, monseigneur, affecte toujours ici les ames sensibles; et vos amis ne cessent de soupirer après la fin de votre exil. Comme une histoire succède à l'autre, et que cette autre est remplacée par une troisième, et ainsi successivement, on parle rarement aujourd'hui de la vôtre. Ceux qui ont eu l'honneur de vous approcher, et de mériter quelquefois votre confiance, gémissent que votre justification n'ait été qu'équivoque. Le respect pour la personne sacrée du roi, la crainte de perdre une cause, quoique bonne, l'espérance encore peut-être d'intéresser une reine inconstante, tout cela vous a retenu dans des bornes trop étroites; et l'histoire du collier sera pour la postérité une énigme dont le véritable mot ne sera peut-être pas connu (1). A la place de votre éminence, et à l'aspect de la manière vigoureuse dont on commençoit à traiter l'innocence accusée, bien des gens eussent eu des procédés différens. Dans l'hypothese du seul soupçon, vous ne pouviez être que victime, et votre sort actuel est la preuve de ce raisonnemeut. En jettant un jour lumineux sur la chose, le châtiment n'eût été guère plus cruel; et aux yeux de la France, vous eussiez été plus à plaindre. On vous menaçoit, dira-t-on; c'est fort bien, si vous eussiez été libre; mais enchaîné par le pouvoir absolu, mais condamné par l'opinion, que vous restoit-il à craindre? En menaçant à votre tour, vous eussiez peut-

(1) Le dernier mémoire de madame de la Motte ne laisse plus de doute sur cette affaire, et il n'y a que ceux qui ne veulent pat lire, qui n'y voient pas.

être prévenu l'orage, et arrêté la foudre.

Vous aurez de la peine, monseigneur, à reparoître jamais à la cour ; votre coup est manqué, et par une suite naturelle du caractère des femmes, la reine sera toujours une pierre d'achoppement à vos projets. Il faut donc faire tête au malheur qui vous opprime, et mépriser la faveur qui vous a fui. La vie privée d'un philosophe est plus calme que l'existence bruyante d'un grand seigneur : il vous reste encore des amis : est-il des malheurs qui ne s'adoucissent avec l'amitié !

# LETTRE

## De la Duchesse DE POLIGNAC à M. le Comte DE VAUDREUIL.

IL s'est passé hier au soir, entre la reine et moi, une scène assez désagréable, au sujet d'un mot lâché par madame de Polastron ; vive et boudeuse, comme vous la connoissez, j'aurois pu craindre sa disgrace, si je ne savois plier son caractère, en me pliant moi-même à ses goûts. Ne vous l'ai-je pas toujours dit, que le talent de rester auprès d'elle, n'étoit que l'art d'arracher le secret de son cœur, et d'en être la dépositaire. Je ne suis pas aujourd'hui à m'appercevoir que la reine me craint plus qu'elle ne m'aime ; mais elle a besoin de moi pour ses plaisirs, et en m'accordant sa confiance, je lui fais grace du motif. Le principal (1) a pris singulièrement avec elle ; et si, avec l'esprit qu'il a, il joignoit encore de la tournure et de la vigueur, je ne doute point qu'il ne devînt tout-à-la-fois le confident, l'amant et le ministre. Il vient d'obtenir l'archevêché de Sens, et le tendre et doucereux Fontanges le remplace à Toulouse. On ne cesse de parler de la convocation des états-généraux, et il est à présumer qu'elle aura lieu. Il ne s'en est fallu de rien mardi dernier que le roi, au sortir de chez la reine, n'envoyât promener son parlement, chaque membre accompagné d'une lettre d'exil. Tout semble présager une révolution ; mais, comme vous l'avez dit souvent, c'est à ceux qui tiennent les cartes, à bien jouer en attendant.

(1) M. de Brienne, principal ministre.

Soyez un peu moins paresseux dorénavant, vous m'entendez. Adieu, vous savez ce que je vous suis.

# LETTRE

## De M. de Lamoignon à M. de Brienne.

Nous fîmes fort bien dans le dernier conseil, d'engager le roi à convoquer sa nation, il eût été dangereux pour nous d'agir autrement; il est des circonstances où l'esprit doit se combattre lui-même, et où le cœur peut feindre ce qu'il ne sent pas. Mais quand, guidés par les mêmes principes, nous calculerons ensemble les résultats d'une assemblée nationale, nous penserons sans doute différemment que nous n'avons parlé. En fait de législation nouvelle, il n'y a guère d'avantage que pour les siècles à venir : les peuples qui subissent la réforme y perdent toujours. Nos parlemens, qui sollicitent les états-généraux, n'y voient pas la fin de leur regne : le roi, qui les convoquera, ne se doute pas qu'il remet en leurs mains son pouvoir; et il ignore cette grande vérité politique, la base de la puissance absolue, que plus cette puissance se partage sur d'individus, plus elle diminue sur celui dont elle émane. Le corps ministériel, cette masse inébranlable, qui servoit de pivot à la machine du gouvernement, va être renversée par cette convocation ; et ces hommes, les conseillers de leur maître, et les moteurs de tout, vont être subordonnés à une reddition de compte, qui rendra les secrétariats de l'état plus ennuyeux qu'agréables, et plus à charge qu'avantageux. Nous ne saurions trop nous arrêter sur ces objets, ni trop prendre de moyens pour prévenir le coup, s'il est possible, ou pour l'éloigner, si les choses sont trop avancées, pour qu'on puisse les reculer. C'est donc à nous à donner à la convocation une forme convenable à nos vues, et à faire en sorte que dans le nombre convoqué, le parti royaliste soit prédominant au parti national.

S'il étoit un moyen pour s'opposer à une assemblée des états, il seroit toujours à propos de débuter par éblouir le public, en fascinant ses yeux par quelques grandes vues, ou quelques réformes éclatantes. C'est la conduite de la reine, ce sont ses dépenses excessives, c'est la publicité de ses intrigues qui excitent par-tout le cri de la plainte, et le desir d'une régénération. Il sera toujours difficile de tranquilliser la France, tant que les abus subsisteront et seront connus : il seroit dangereux pour nous d'avouer que nous les connoissons, et de travailler à le détruire.

Nous sommes entre deux feux : ayons assez de talent pour les entretenir et ne nous brûler à aucun. J'avoue que la position est critique ; mais le peuple s'appaise aussi facilement qu'il s'irrite; et en accordant tout à la reine, nous pouvons exiger d'elle une réforme apparente ; ôtons le grand ressort de la roue, sans ôter absolument le mouvement ; une personne disgraciée à la cour (1), a souvent fait croire que l'ordre alloit prendre la place du désordre ; et la nation, trompée par l'espérance du bonheur, est en effet la

(1) C'est de la duchesse Jules dont on parle sans doute dans cette lettre. Ce qui nous le fait présumer, c'est que M. de Brienne, M. de Lamoignon et madame de Polignac ont été amis, confidens, rivaux et ennemis. Tel est le mot des cours ; on se flatte, on s'embrasse, on cabale et l'on se déchire.

plus honteuse. Nos intérêts sont les mêmes ; notre cause est commune ; et ce seroit peut-être nous perdre tous les deux, que de nous séparer.

## BILLET

### De la REINE à l'abbé DE VERMONT.

L'ABBÉ de Vermont se rendra sur-le-champ chez le secrétaire de Paris (1), et lui demandera si l'ordre est expédié. En cas qu'il ne le fût pas, il me citera pour en presser l'expédition. De là il se rendra à l'abbaye, pour donner à M. d'Autun le mémoire ci-joint et apostillé. Si par hasard le duc (2) s'offroit à lui, il le battra à froid, répondra par équivoque, et cela pour cause.

(1) M. de Breteuil.
(2) M. de Coigni.

Demain il se trouvera au lever ordinaire.

## LETTRE

De M. DE CROSNE à M. DE BRIENNE.

TOUT est tranquille dans ce moment ; l'auteur des couplets est connu, arrêté et conduit à la bastille. Son procès-verbal, chez le commissaire, a été soustrait, parce qu'il pouvoit compromettre. On a trouvé sur lui une fable qu'il destinoit sans doute à l'impression, et que je joins à ma lettre. Vous conclurez peut-être comme moi, que c'étoit une de ces têtes effervescentes payées par une cabale, et enhardies par l'impunité. Malheurensement cette espèce d'esprits éphémères ne pullule que trop dans la capitale, et leur multiplicité

tiplicité les rassure. Vous pouvez cependant, monseigneur, compter sur tout mon zèle, comme sur le profond respect avec lequel je suis, etc. etc.

## LETTRE

De M. de Busançois à un de ses amis.

M. de Sarcefield doit avoir rendu compte à la Cour d'une scène singulière du Prince de Vaudemont. Cet original, plus fait pour être muletier, que pour être à la tête d'un régiment, vient d'assomer à coups de canne un pauvre boulanger de cette ville, infirme et impotant, dont tout le crime a été de donner son pain à crédit aux brigadiers des dragons de Lorraine. L'affaire a été d'abord mise au criminel; mais quelques rouleaux l'ont mise ensuite à l'amiable. Le prince Lambesc et le prince de Vaudemont sont détestés ; il n'y a que leur nom, la faveur et la parenté de la reine qui les soutiennent. Ils n'ont, ni assez d'esprit pour être d'aimables roués, ni assez de probité pour être d'honnêtes gens. Ils sont craints, on les fuit, et on les hue ; voilà leur sort.

# LETTRE

## DE M. DE CALONNE à l'abbé DE CALONNE.

LES troubles qui règnent à la cour ne me surprennent point ; la réputation éclatante de M. NECKER ne m'en impose point ; mais il échouera comme tous les autres ; les ressources sont trop épuisées, les besoins trop multipliés, et les demandes de la reine trop réitérées, pour qu'un homme, à la tête des finances de la France, puisse faire face à tout. Un ministre dans cette partie se trouvera toujours dans la cruelle alternative, ou de voir l'impossibilité de faire le bien, et de sauter s'il vouloit l'entreprendre, ou d'augmenter le déficit, s'il désire être toujours á la tête de cette grande partie de l'administration. Il n'y a absolument qu'une banqueroute qui puisse mettre l'état au niveau de ses affaires ; et il ne s'agit pas de discuter si ce parti est noble ou légitime, il suffit d'être persuadé qu'il est nécessité. Je regarde la France comme un corps gangrené dans presque toute ses parties ; on craint d'opérer, parce qu'il y a trop d'amputations à faire ; le mal augmente, et le corps périt lorsqu'on agite sa guérison. Sois sûr, mon ami, que ce sera là le résultat des états-généraux ; la puissance royale d'abord y perdra ; les Ministres y seront soupçonnés et point écoutés ; et MM. les députés des différentes provinces commenceront par frémir à l'aspect du gouffre qui va s'offrir à leurs yeux ; ils disputeront, analyseront, projetteront, et ils finiront par désespérer du salut de la France ; ainsi l'état, sans éprouver un heureux changement, n'aura été que bouleversé.

D'ailleurs le siècle où nous vivons est trop éclairé, pour qu'une assemblée nationale produise de grands effets. Il y aura toujours plus de brillans projets que de bonnes vues ; et il est à craindre que les députés, élus par la cabale, appellés à cause de leur puissance, ou choisis à cause de leur savoir, n'apportent plus d'ambition que de patriotisme, et n'aient plus d'esprit que de probité.

Quant à moi, je suis fort aise de juger le combat de loin : ceux qui m'ont soupçonné le desir de retourner en France, ne me connoissent point encore ; ceux qui croyent que je travaille décidément à obtenir mon rappel, ne me connoissent point du tout.

Ma justification, comme tu sais, ne seroit pas difficile à prouver ; mais j'aime encore mieux garder le silence ; ma condescence aux caprices de la reine, ma facilité à lui prodigner des ressources dont elle abusoit, sont des faits connus, et qu'on ne pardonne jamais à un ministre disgracié.

Je vis ici tranquille, sous la sauvegarde d'un peuple libre. Pourquoi chercherai-je à retourner dans un pays où les hommes sont condamnés sans être entendus, et proscrits sans savoir pourquoi. La France touche à une révolution, et ceux dont elle croit avoir droit de se plaindre, font fort bien de s'éloigner d'elle.

# LETTRE

## De Madame de Polignac à la Reine.

J'ai beaucoup réfléchi sur notre dernière conversation, et le but de mes réflexions est de penser comme votre majesté, que M. Necker n'est point du tout l'homme qui convient. Il dérange dans le conseil, ce que nous avons fait dans le boudoir ; et comme le disoit joliment l'abbé de Vermont, c'est la prudence aux prises avec la volupté. Toute la France s'applaudit de le voir à la tête des finances, et il seroit peut-être dangereux par-là de travailler à sa disgrace. Mais M. de Breteuil ne nous a-t-il pas dit que M. Necker, quelqu'indifférence qu'il montra toujours pour la faveur, n'y étoit cependant pas tout-à-fait insensible ; en lui faisant entrevoir une chûte, nous pourrions le faire condescendre à nos vues, obtenir en détail ce qu'il n'oseroit peut-être accorder en gros (1).

La jeune comtesse étoit hier de l'humeur dont vous la connoissez ; elle fut polissonne à l'excès, et le plaisir n'a jamais mieux paru sa divinité. Le Bailli (2), confident patelin, sourioit en hypocrite aux élans de la princesse. Vous savez que ce n'est pas l'homme que j'aime ; c'est ma bête d'aversion ; il est parmi les seigneurs de la cour,

(1) Elle avoit une espèce de raison ; M. NECKER craignant que cette favorite ne le délogeât, a consenti plus d'une fois à ce que la reine lui fît des dons considérables, témoin celui de plus de 1,000,000 qui lui fut fait en dédommagement du duché de Mayenne, qu'on lui avoit fait espérer.

(2) Le Bailli de Crussol.

ce qu'un tartuffe seroit chez des moines. Mais, que voulez-vous; je n'étois pas auprès de votre majesté, et il étoit naturel que je m'ennuyasse.

# LETTRE

## De M. DE BRIENNE à M. DE LAMOIGNON.

MES projets ont un peu varié depuis notre dernière entrevue; j'y ai fait quelques changemens que des circonstances imprévues ont nécessité. Le fond est toujours le même, et je vous attends pour mieux vous éclaircir la chose. Ne sortons cependant pas de notre premier principe; roidissons-nous de plus en plus contre un corps plus bavard qu'éclairé, et que je regarde comme à l'agonie (1). Ce colosse tombé, le champ de

(1) Les Parlemens avoient deux grands

bataille nous appartient, et la victoire est à nous. J'ai toujours regardé la révolution de M. de Maupou, comme un chef-d'œuvre de fermeté et de génie ; et je suis étonné que M. de Maurepas, insouciant à l'excès, ait redonné par le rappel des Parlemens, tant de morgue, à ces compagnies. Il a, selon mon opinion, plus fait de mal en réhabilitant, que l'autre n'en avoit fait en détruisant. C'est un grand vice en administration, que de refaire ce qu'on a défait ; eût-on fait des sotises, c'est souvent une sagesse que de n'en pas revenir.

---

ennemis dans MM. de Brienne et Lamoignon ; et si ces deux célèbres intriguans eussent eu le talent de se faire aimer des provinces, ils seroient venus à bout de tout changer en France, sans le secours des états-généraux et en dépit des parlemens.

# LETTRE

Du Comte DE MONTMORIN au Garde des Seaux. ( M. de Lamoignon ).

La retraite de M. de Brienne, a été pour leurs majestés, plutôt un acte nécessaire qu'une chose agréable. La crise étoit forte ; on crioit de tous les côtés ; et, dans un tumulte général, c'est une prudence du législateur de faire quelquefois des sacrifices. L'archevêque de Sens sort du ministère avec toute la confiance du roi, et tout le regret de de la reine : je ne doute point de son rappel, si l'on vient à bout de punir ou de dissiper les mécontens. Il est peu de ministres qui se soient emparés de l'esprit de leur maître, au point dont M. l'archevêque s'étoit emparé de celui du roi. Dans un siècle moins effervescent, dans ces temps où le pouvoir ministériel trouvoit peu de résistance, il est à présumer que le règne de M. Brienne eut été aussi long que brillant ; il eut marché sur les traces des RICHELIEU et des MAZARIN, et leur égal en génie, sa gloire eut peut-être surpassé la leur. Mais nous ne touchons plus à ses époques où l'homme resserré par la crainte, et enchaîné par le despotisme, subissoit en esclave soumis, le joug du pouvoir absolu. Les sciences ont amené l'indépendance, et de l'indépendance est né le cri général de la liberté. Vous verrez même plus ; l'abus du raisonnement fera douter de la nécessité des puissances ; il viendra une espèce d'anarchie où chacun voudra régler l'administration, et l'homme ne sera trop éclairé sur ses droits, que pour mieux enfreindre ses devoirs (1).

---

(1) Ceci est une prophétie dont l'ac-

L'archevêque fixera son séjour à Brienne; et s'il prévoyoit que les choses dussent prendre une tournure inquiétante, je crois que ses projets sont alors de passer en Italie. Il est à craindre que cette chûte n'en entraîne d'autres : les branches suivent ordinairement le tronc. Vous aviez dans vos vues trop de pré-

---

complissement n'a pas tardé, et jamais M. de Montmorin ne se seroit cru aussi bon prophête. C'est une chose tout à la fois alarmante et pitoyable, que de voir au fond des provinces, comme dans le sein de la capitale, des gens qui, sans vertus, sans connoissances et sans mission, s'érigent en réformateurs, et jugent des ressorts des états, de la force ou de la foiblesse de la législation, avec une sécurité hardie, qui prouve jusqu'où peut aller le délire de l'esprit humain. Il n'existe pas aujourd'hui une classe de citoyens où il n'y ait de ces petits discoureurs qui marchent dans le dédale des loix avec plus de fermeté que Montesquieu.

jugés à fronder, de trop fortes impressions à détruire, trop de grands partis à combattre, pour vous assurer la victoire. Dans des changemens considérables d'administration, il faut toujours des victimes ; et c'est souvent alors l'histoire de Samson, on s'enséveli soi-même sous les débris de la colonne qu'on a renversée.

# LETTRE

## Du principal MINISTRE à la REINE.

LES troubles du moment nécessitent ma retraite ; je le sens comme votre majesté. J'ai cherché dans tout ce que j'ai fait, les intérêts du roi, voilà ma justification ; j'ai trouvé des opposans, voilà ma peine ; j'emporte l'estime de vos majestés, et ma retraite n'est point une disgrace, voilà ma gloire et ma consolation.

Je suis avec le plus profond respect, etc. etc.

---

# LETTRE

## De M. de BRIENNE au Garde des Sceaux.

NE vous abusez pas ; vous ne tiendrez que le temps qu'il faudra pour vous trouver un successeur ; prévenez le coup ; quittez un champ de bataille où vous êtes sur le point d'être terrassé. Nos ennemis sont nombreux, les cris trop puissans, le roi et son conseil trop foibles. Avec toutes nos précautions, nous avons manqué le but ; il falloit plutôt abattre que réformer. C'étoit bien mon avis ; je suis fâché qu'il n'ait pas prévalu.

En réformant, nous devions toujours craindre ceux qni resteroient; en détruisant absolument tout, nous pouvions être tranquilles; nous eussions rebâti, et l'ouvrage eût été subordonné à l'ouvrier. Une révolution est manquée quand elle n'est pas complette. Nous n'avons pas assez pesé ensemble tous le inconvéniens où nous jettoit un boulversement trop précipité: LA COUR PLÉNIÈRE, ce tribunal sur lequel devoient poser toutes nos opérations, n'offroit pas assez de consistance; le projet nous parut beau, et nous l'adoptâmes. Nous perdîmes de vue le grand point dans un nouvel établissement, qui est de captiver, de gagner et de mettre de son côté toutes les têtes fortes et bien organisées, dont l'adhésion est une sanction à la chose, et dont l'opposition est toujours un écueil aux grands desseins. Le timbre, dont nous voulions l'enregistrement, l'impôt territorial adjoint au timbre, étoient des changemens plus fins que bien sentis ; et l'exil du parlement à Troyes ne fut qu'un demi-coup d'autorité. Je vous le répète, quand on veut changer tout, il faut être ferme à l'excès, tout oser ou ne rien entreprendre.

Je peux m'adopter ce mot d'un grand à l'agonie : J'AI FAIT UN BEAU RÊVE ; pour vous, M. le garde des sceaux, dormez long-temps, ou réveillez-vous bien vîte.

---

# BILLET

## De la REINE au principal Ministre.

---

JE vois avec peine le départ de M l'archevêque de Sens ; l'abbé de Vermont est chargé de lui dire combien sa retraite m'affecte. Trop prudent pour dévoiler bien des choses, M. l'archevêque se retirera sans doute avec cette discrétion qui accompagne l'homme qui n'est pas disgracié, et qui tient encore tant à la faveur.

---

# AUTRE BILLET

## De la Reine au même.

---

M. l'archevêque de Sens sera octroyé dans sa demande ; M. de Brienne aura encore quelque temps le porte-feuille de la guerre. C'est toujours avec plaisir que la reine saisira l'occasion de témoigner ses bontés à M. l'archevêque.

# LETTRE

## De l'abbé DE VERMONT à un ami (1).

MON existance vous paroît singulière, et ma fortune inconcevable ; il n'y a cependant dans tout cela rien que

(1) Un ami ! l'abbé de Vermont est-il fait pour en avoir ? et est-ce à l'être le plus vil et le plus méprisable, à inspirer la plus noble et le plus beau des sentimens ? La reine a rougi plus d'une fois d'un homme dont le ministère sacré se prête sans cesse à des abominations : car tel est l'empire de la vertu sur les cœurs même corrompus ; on méprise au sein du vice ceux qui ont servi à nous applanir le chemin du vice même. L'abbé de Vermont est un de ces hommes nés pour la scélératesse ; il a toute la souplesse d'un esprit dangereux, toute l'effron-

de naturel. Un vent heureux me poussa à la cour de France ; je fus d'abord étonné de m'y voir ; heureux après de m'y trouver, je cherchai les moyens de m'y soutenir ; et comme je vis que le meilleur gouvernail sur cette mer orageuse, étoit le timon de l'intrigue, je me livrai sans réserve à un métier pour lequel j'étois réellement fait. Je sondai le caractère de la princesse, à la personne de laquelle j'étois attaché ; je m'apperçus sans beaucoup de recherches, qu'on aimoit le plaisir par-dessus tout ; et je travaillai à devenir le conducteur du

---

terie d'un homme qui a levé le masque ; et, ce qu'il y a de plus horrible dans son caractère, c'est qu'il a employé la religion, c'est-à-dire, ce qu'il y a de plus auguste sur la terre, pour faciliter la dépravation des mœurs à la cour de France ; car il est même encore aujourd'hui le confident commode de toutes les intrigues.

char de la volupté. Qu'on a de droits à la confiance d'une jeune femme, lorsqu'on connoît le foible de son cœur, et qu'on ose lui faire entrevoir cette connoissance ! Il n'y a point de milieu ; quand cette jeune femme est reine, on est expulsé, ou l'on devient confident. C'est ce qui m'est arrivé. J'ai donné à la foiblesse le nom de sensibilité ; j'ai ôté au devoir son trop de rigorisme ; j'ai montré le plaisir sous une forme dont la vertu ne pouvoit pas s'offenser, et il n'est alors que plus attrayant. On m'écoutoit avec satisfaction. . . . . Le relâchement plaît tant à l'humanité ! D'homme agréable, je suis devenu confident utile ; je savois que la rose est digne de tous les hommages ; j'ai soutenu le système de la multiplicité des temples, et j'ai appuyé sur l'agrément d'un grand nombre de sacrificateurs. Croyez que cette morale fait toujours fortune auprès des femmes ; aussi je ne me plains point de ma mission. Dépositaire des caprices du cœur, j'ai été conseiller des affaires ; j'ai présidé à l'élévation et à la chûte des Ministres ; je les flattois, ils me craignoient ; aujourd'hui seulement ma logique est en défaut ; M. Necker est un de ces individus dont l'espèce est inconnue à la cour ; et ce financier, avec une prochaine assemblée de la nation, pourroit bien apporter du trouble dans un lieu où l'on ne suit depuis long-temps que le plaisir.

# FRAGMENT D'UNE LETTRE

## Du duc DE LUXEMBOURG (1).

MALGRÉ l'élection des députés des différents ordres, à laquelle on travaille incessamment, il est encore à présumer que les états n'auront point lieu. Ce qui vous feroit pitié, c'est l'ignorance de

(1) Parmi beaucoup de lettres indifférentes trouvées dans le porte-feuille d'un officier général qui vient de mourir, s'est aussi trouvé le fragment qu'on donne ici ; c'étoit une demi-feuille de papier à lettre d'où l'on avoit sans doute soustrait l'adresse. La signature du duc y étoit.

nos gentilshommes provinciaux ; rien n'est si lourd, si entêté, ni si épais ; comparée à la noblesse de la capitale, la noblesse des provinces est à deux cens ans de retard, quand au ton et aux connoissances. Si le choix de nos députés ne tombe pas sur ce que nous appellons grands seigneurs, il est à craindre que nous ne soyons culbutés par le tiers-état, dont le nombre est prépondérant au nôtre, dont l'instruction est connue, et la plupart de leurs demandes légitimes. Aussi faisons-nous agir tout ce qui approche le roi, et tout ce que la reine peut sur lui, pour faire rompre le projet d'assembler la nation : on est peut-être trop avancé pour reculer, voilà l'embarras ; il n'y auroit qu'un moyen, ce seroit de faire faire un second saut au directeur des finances, voilà le difficile. On craint d'ailleurs que si M. Necker étoit disgracié, et l'assemblée des états mise au néant, que les provinces ne se soulevassent ; et notre sort seroit encore alors plus critique. Attendons en patience les événemens ; cherchons à nous gagner les troupes ; ce point est peut-être le plus essentiel ; car dans l'hypothèse du trouble, il n'est plus d'espérance pour la noblesse, si les troupes sont pour le tiers.

# LETTRE

Du Supérieur de Saint-Lazare au Cardinal de Loménie.

J'applaudis au dessein que votre éminence a formé de ne pas retourner sitôt en France, et d'en contempler de

Nota. On ne doit point être étonné de voir une cosrespondance intime entre le général de Saint-Lazare et M. de Lo-
loin

loin les orages. Les cris qui se font entendre de toutes parts contre l'administration, la difficulté d'établir un nouveau régime, tout semble présager une tempête furieuse; et bien des politiques, moins craintifs peut-être que clairvoyans, ne voient dans la convocation des états que la perte de l'état même. Un remède appliqué trop tard, est plutôt le prélude de la mort, que l'avant-coureur de la guérison.

---

ménie. M. Cayla de la Garde a été choisi pour être à la tête de sa congrégation pendant que M. de Brienne étoit principal ministre, et la faveur a sans doute influé sur le généralat. M. Cayla étoit supérieur du séminaire de Toulouse, et avoit été appellé à cette place par le cardinal, qui a été, comme on le sait, archevêque de cette ville. Il est inutile de remarquer ici combien les Lazaristes sont méprisés, et combien ils son dignes de l'être. Ce sont de vrais animaux régentant des hommes.

Les cabales n'ont jamais été ni plus multipliées ni plus actives ; celle des princes est formidable, et M. Necker paroît être l'objet contre lequel elle dirige ses forces et fait jouer tous ses ressorts. Le roi chasse, boit, et est maussade comme à l'ordinaire ; les intrigues de la reine vont leur train ; Monsieur parle politique par orgueil, et littérature par petitesse. Le comte d'Artois se rit de tout, jure et s'amuse ; le duc d'Orléans, hypocrite pour l'instant, cherche à faire oublier qu'il a été le duc de Chartres ; le prince de Condé sacrifie tout à la faveur qu'il n'a point, et fonde sa gloire sur le métier des armes, qu'il ne connoît guerre ; le duc de Bourbon est assez indifférent à tout, n'aime ni sa femme ni ses maîtresses ; le prince de Conti pleure la fin du règne de Louis XV, et cède au torrent qui l'entraîne. Voilà les princes ; ils sont assez ce que vous les avez connus. Si vous joignez à ce tableau la famille de Polignac, qui commence à redouter sa haute fortune ; le prince Lambesc, qui veut être autre chose qu'un écuyer ; les Noailles, qui s'attachent encore à quelques branches de l'arbre de la faveur ; M. de Broglio, qu'on carresse parce qu'on peut avoir besoin de lui ; et les Coigni, parce qu'ils tiennent de fort près, dit-on, à la couronne (1), vous aurez presque tous les

(1) Quand il seroit vrai que la reine se fût écartée de ses devoirs, et que le duc de Coigni eût quelque part à la naissance du premier dauphin, et du second peut-être, est-ce donc à un lazariste de tirer le voile sur ces mistères, et de mettre en doute la vertu de sa souveraine? La congrégation de Saint-Lazare a commencé depuis long-temps à adopter le systême de la societé de Jesus ; elle a les mêmes vices, mais elle n'a pas le même génie pour s'initier dans les affaires du gouvernement, ni la même adresse pour cacher son ambition et ses désordres.

moteurs et les premiers agens de la grande cabale. Dans tout cela, c'est toujours l'ancien principe; on est réuni, mais on ne tire pas au même but. Chaque prince a ses vues particulières et ses créatures de prédilection ; MADAME et madame la comtesse d'Artois seroient très-fâchées que les plaintes sur la reine cessassent ; la reine, de son côté, voudroit voir ses deux belles-sœurs au diable ; et la France, plus juste, les y envoie toutes trois. Le plus beau rôle, dans la comédie présente, est celui de M. NECKER ; il est seulement á craindre pour sa tranquilliié, que ses vues et ses connoissances restent en arrière de sa réputation ; l'on attend trop de lui pour qu'il satisfasse. Les autres ministres sont ce qu'ils étoient sous vous, des roues secondaires et subordonnées à la principale roue de la machine, et c'est M. NECKER qui est cette première roue. Les provinces sont dans cette fermentation dangereuse qui naît de l'espérance d'un nouveau changement. On projette, on discute, et l'on s'entretient déjà des doléances qu'on doit faire à l'assemblée de la nation. Il n'y a pas de villes, de bourgs, de villages, de hameaux même où l'on ne se réunisse pour travailler, dit-on, de concert à la régénération future. Tout ce qu'on fait n'est qu'une vraie licence en législation ; et le peuple, qui prend le gros des choses sans en saisir le fond, finira par se moquer de la loi, ou par la faire s'il est le plus fort. Quant à l'église, elle ne doit s'attendre qu'à une révolution éclatante et à une réforme générale ; le siècle est trop éclairé pour qu'on soit plus longtemps nos dupes ; vous verrez l'ordre ecclésiastique subir le joug qu'il n'a que trop fait porter lui-même. Le désordre est déjà parmi nous ; les évêques ont autans d'opposans qu'ils ont de curés dans leur diocèse ; on n'aura pas besoin de les écraser, ils s'écraseront entr'eux.

On soupçonne M. de Marbœuf sur le point d'abandonner la feuille ; M. de Roquelaure y a des prétentions, et ce sera la main de la reine qui la lui donnera. C'est elle qui fait encore tout, et son ascendant sur le roi annonce de la durée. Ce prince, dont le physique est lourd, et l'intellectuel foible, n'a point de ces passions vives qui engagent à la variété ; c'es un de ces bons maris bourgeois, sa femme sera toujours la maîtresse.

Je ne perdrai, Monseigneur, aucune occasion de prouver à votre éminence mon attachement et mon respect, en cédant à ses desirs et lui faisant part de ce qui se passe ; elle peut compter sur l'exactitude de mon zèle, comme sur la sincérité de mes sentimens.

# LETTRE

De Madame le Comtesse DE VALOIS DE LA MOTTE à l'abbé DE VERMONT (1).

L'ÉPOQUE où les états-généraux s'assembleront, sera sans doute aussi celle où l'innocence fera entendre sa voix, et rendra publique sa justification. Vous devez savoir, monsieur, combien peu je suis coupable ; et la reine doit tout

(1) Cette lettre, dont on produiroit l'original si on vouloit, auroit dû se trouver dans le dernier mémoire de madame de la Motte ; il n'y avoit pas si long-temps qu'elle l'avoit écrite, pour en avoir oublié le contenu, puisqu'on travailloit audit mémoire pendant qu'elle parvenoit à son adresse.

craindre d'un infortunée qu'elle a laissé livrer à l'infamie, et qui ne peut plus exister qu'en prouvant à l'europe entière qu'elle n'est pas indigne de la vie. Vous voudrez bien communiquer cette lettre à sa majesté ; il est des moyens qu'elle peut prendre pour me rappeler sans se compromettre, et sans affoiblir ma justification (1). Ce ne sera qu'avec peine et à la dernière extrémité, que je déchirerai le voile, et que j'éclairerai la France sur un crime dont l'innocence seule a porté la peine. J'attends votre réponse avec toute l'impatience possible.

---

(1) Il eût été un peu difficile de justifier madame de la Motte, sans compromettre la reine ; car l'innocence de l'une reconnue, mettoit au jour et certifioit le crime de l'autre. Il est au moins étonnant qu'on n'ait pas appaisé cette histoire dans son principe, et qu'on ait préféré instruire l'europe entière d'un fait qui prouvera à jamais combien la reine a été peu délicate, et le cardinal de Rohan peu rusé.

# LETTRE

## Du Cardinal DE LOMÉNIE à M. DE MARBEUF, Archevêque de Lyon.

JE n'ai jamais été partisan des états-généraux, vous le savez. Cette révolution sera l'époque d'une dissention dans les trois ordres, et d'un trouble sans remède dans tout l'état. Le dernier systême de M. NECKER, comme tout ce qu'il a fait, porte une empreinte de vérité et de justice ; mais un sophisme bien présenté, touche quelque fois de si près à une bonne logique, qu'on doit toujours craindre d'adopter un raisonnement, sans en avoir bien discuté toutes les conséquences. M. NECKER accorde au tiers-état un nombre de députés égal à celui des deux autres ordres : sur quoi fonde-t-il l'équité de cette prépoudérance ? Est-ce en raison des individus ? Il est alors encore en arrière ; car le tiers est au moins aux deux autres ordres, ce que douze est à un. Est-ce en raison des hommes instruits et faits pour discuter les intérêts de la nation ? M. Necker seroit peut-être fort embarrassé pour prouver que le tiers en sait plus que la noblesse, et la la noblesse plus que le clergé. Cette prépondérance du tiers pourroit paroître une égalité, si les deux autres ordres n'en faisoient qu'un ; mais M. le directeur-général des finances n'ignoroit pas que la noblesse et le clergé font deux, et que leurs intérêts sont bien différents.

Vous verrez, n'en doutez point, les plus grands débats possible dans cette assemblée de la nation ; et je ne serois point surpris qu'il en naquit le désordre et l'anarchie, plutôt que l'arrangement et l'union. J'ai souvent dit au roi, ne paroissez pas éloigné de convoquer vos sujets ; mais retardez cette convocation le plus long-temps que vous pourrez ; votre autorité ne peut qu'y perdre beaucoup, et votre royaume qu'y gagner fort peu.

Je ne sais comment s'arrange la reine de tous ces nouveaux projets, sa sécurité doit en être alarmée, et son empire doit en frémir. Tout va prendre une nouvelle face et la faveur va subir une interruption. Espérons que les choses iront bien ; ce seroit un double malheur que de s'en faire un d'avance.

Postscriptum. C'est aux évêques à se conduire de façon à inspirer la confiance, et à fixer sur leur personne, le choix de la députation ; car si le haut clergé ne fait pas cause commune avec celui du second ordre, il ne faudra que peu d'efforts pour accabler l'église, elle se détruira elle-même.

# LETTRE

## De la Duchesse Jules DE POLIGNAC à l'abbé DE VERMONT.

JE suis lasse, mon cher abbé, du rôle que je joue ; les propos du public m'affectent, et vous savez combien on en tient sur moi. On me croit motrice de toutes les affaires, et je ne suis qu'une foible agente des plaisirs. Je voudrois bien me retirer, mais je voudrois que ce fut avec avantage et avec gloire (1).

(1) L'avantage n'est que trop certain ; on sait les différens dons que madame de Polignac a reçus de la reine, et cela toujonrs aux dépens du pauvre peuple. Quand à la gloire, si ç'en est une, que d'avoir été tour-à-tour tribade et maquerelle, madame. la duchesse peut y prétendre.

Vous

Vous connoissez mon caractère ; je suis née trop insouciante pour me plaire long-temps aux intrigues, et il m'a fallu d'aussi puissans motifs que ceux de l'amour-propre et de l'ambition, pour y tenir jusqu'ici. Je suis ennuyée, mon cher abbé, je suis ennuyée, voilà le mot. Je suis accablée de solliciteurs qui me tourmente, et qui, par une cruelle reconnoissance, me font avaler l'encens d'une manière à m'étouffer. Que voulez-vous que je fasse ? Mes amis me font craindre un temps où la reine fatiguée de moi, et moi d'elle, je serai forcée à une disgrâce toujours humiliante, quelqu'indifférence qu'on ait pour la faveur. Ce n'est pas une petite affaire que de plaire continuellement à la reine ; vous savez combien il est difficile de se prêter à tous ses goûts, d'essuyer toutes ses vivacités, d'appaiser son imagination brûlante, et de la fixer sur un plaisir, elle qui voudroit les passer tous en revue, et dans le même instant. Elle est brouillée avec le jeune comte, et c'est moi qui essuye tout le désagrément de cette petite querelle. Soit indifférence, ou l'effet de la réflexion, ce prince est froid à l'excès, et ne profite que foiblement des avances qu'on lui fait ; il est en partie cause que la reine a presque toujours préféré les caresses de son sexe, aux agrémens qu'elle cherchoit et qu'elle croyoit trouver chez les hommes (1). Malgré les différentes

---

(1) Cet aveu de madame de Polignac à M. l'abbé de Vermont, feroit douter de la vérité de cette lettre, et paroîtroit aussi incroyable qu'invraisemblable, si on ne savoit pas que cet abbé, fait pour jouer tous les rôles, est fait aussi pour entendre tout. Il a servi plus d'une fois à faciliter des rendez-vous, et à applanir le sentier du plaisir qui conduit toujours à celui du remords ; il en savoit autant que la duchesse, ce qui justifie celle-ci du côté des bienséances. Quand

intrigues que vous connoissez ; le premier foible du cœur a continuellement été pour le beau-frère ; mais on aime mieux se livrer à des voluptés moins gênantes, et embrasser les charmans embarras d'une intrigue plus libre, et où les inconvéniens sont bien moins grands. Pour moi, j'ambitionne aussi un état plus libre que le mien ; je voudrois être à l'abri de tous les orages et de toutes les plaintes : dites-moi, mon cher abbé, ce qu'il faut que je fasse.

---

à ce qu'elle dit, il faudroit remonter très-haut, et savoir qu'une femme amoureuse d'un homme qui pirouette au lieu de caresser, la désole et lui fait souvent chercher le bonheur par des routes contraires. La reine a aimé les femmes un peu par dépit, souvent par caprice, toujours par tempéramment ; voilà le fait.

# LETTRE

Du Comte D'ARTOIS à Madame DE POLIGNAC.

IL n'y a plus à balancer, Madame, il faut que nous l'emportions sur cet original (M. NECKER), et qu'il nous soit encore sacrifié. C'est un être que je ne puis sentir, et dont la présence me met dans une humeur assommante. Il faut que la reine mette tout en usage pour éloigner à jamais de la faveur un homme qui n'est pas fait pour la connoître, et dont le plan d'administration est de faire d'un roi de France tout au plus un bon bourgeois (1). Si on me promet de

(1) Il est heureux pour la France, qu'un prince comme le comte d'Artois,

lui faire faire le saut, il n'y aura rien que je ne fasse pour reconnoître tout le plaisir qu'on m'aura fait.

---

né vif, bouillant et impétueux, soit sans principes et sans acquit. On auroit eu tout à craindre d'un prince instruit et ferme, et dont le caractère eut été marqué à des attrocités. Avec des talens, le comte d'Artois eût été le prédicant de la tyrannie ; et le despotisme lui auroit dû son triomphe. On sai avec quelle impudence il aborda une fois M. NECKER qui alloit au conseil ; il le menaçoit du poing, en lui disant : Où vas-tu, gueux que tu es ? Est-ce ta place au conseil, foutu bourgeois ? Tremble, tu ne périras jamais que par moi. Le directeur des finances ne fit qu'un pas en arrière, se tint droit, et gardant un silence majestueux, il entra dans la chambre du conseil. Lequel de ces deux hommes étoit le prince ?

# LETTRE

De M. l'Abbé DE VERMONT au Cardinal DE LOMÉNIE.

LES états-généraux vont commencer, et les députés du royaume arrivent journellement. On les avoit reculés, sous le prétexte que quelques provinces étoient en retard pour la convocation ; mais de vous à moi, c'étoit dans l'espérance de trouver toujours quelques moyens pour les éloigner à jamais. Cette espérance n'étoit pas raisonnée, et la cabale devoit présumer que le ministère avoit trop fait de pas pour s'arrêter ; mais ici tout se trame malheureusement sans combinaison ; et le roi, à qui on a donné des craintes sur les suites de l'assemblée de la nation, jure de ce qu'on lui a conseillé de dire oui, et de ce qu'on voudroit qu'il eût dit non aujourd'hui. Il paroît que le tiers-état a dans le nombre de ses représentans des hommes vraiment célèbres ; et votre éminence ne sera pas foiblement étonnée d'apprendre que la commune d'Aix a mis le comte de mirabeau au rang de ses électeurs. Nous sommes tous dans l'attente des premiers évènemens ; le gros de la noblesse ne semble pas préparé à faire facilement le sacrifice de ses prérogatives ; pour le clergé, les verges s'apprêtent, et il doit craindre un fouet sanglant. Il n'y a aucune union parmi ses députés ; vous croiriez, à les entendre, que les évêques et leurs curés sont payés pour se déchirer tour-à-tour. Ce sont des hommes, je vous réponds, ni tolérans, ni indulgens, ni charitables : ils donnent journellement ici la comédie, et les sifflets ne manquent pas.

Mon dernier entretien avec la reine

fût de deux heures ; et la question la plus agitée fut celle des finances qui manquent , et des plaisirs qui fuient , ce qui est une suite. Je lui conseillai une grande prudence pendant la tenue des états ; et je ne lui cachai pas qu'après les plaintes formées journellement , elle étoit forcée à cacher ses desirs et ses dépenses. Le pas étoit glissant ; mais j'accomm dai le tout avec une morale si douce , et si peu faite pour effaroucher son cœur , qu'on me sut grâce de l'avis. Ce n'est pas une petite chose que d'être le conseiller d'une tête couronnée.

# LETTRE

## Du Bailli DE CRUSSOL à M. le Comte D'ARTOIS.

JE me serois rendu avec autant de plaisir que d'empressement aux ordres de VOTRE ALTESSE ROYALE, si une incommodité ne me forçoit à rester encore quelques jours au temple. Je vous aurois engagé, Monseigneur, à marcher d'un pas fort lent dans la nouvelle carrière qui s'ouvre à la France. Un prince ne sauroit être trop circonspect quand il a la nation entière pour témoin de ses démarches ; il faut, dans tous les partis qu'on prend, et qui sont opposés au parti général, user d'une dissimulation qu'on puisse prendre pour de la franchise, et d'une prudence si simple en apparence, qu'on ne puisse pas soupçonner de dissimulation. Les grands n'échouent souvent dans leurs projets, que parce qu'ils comptent trop sur eux-mêmes, et que trop prévenus pour le succès, ils éventent la mèche avant que le feu y soit. Sur-tout, Monseigneur, ne donnez point tête baissée dans ces cabales dont les desseins ont plus de faux brillans que de vrais avantages. Craignez des gens qui ne vous feroient agir que pour vous laisser seul sur la place si l'ennemi en approchoit. J'adopte volontiers le système de ceux qui, en se liant à tout, ont l'art de faire un nœud coulant, et l'adresse de se débarrasser en ne tenant plus à rien. On ignore encore quel ton prendront les états-généraux : attendons à les voir marcher ; et si leur route contrarioit la nôtre, nous jugerions alors quels seroient les moyens les plus sûrs pour n'être pas dupes. On est bien foible quand on veut attaquer une armée dont on ne connoît encore ni les généraux, ni les soldats ; mais on ne peut se défendre quand les forces de nos ennemis sont connues, ou bien l'on ne se mesure pas. Croyez, Monseigneur, que c'est là le sentier qu'il faut suivre dans le cahos des affaires du moment. Ces réflexions vous sont dictées par l'homme le plus dévoué à votre personne.

# LETTRE

De Madame DE POLIGNAC au Duc DE POLIGNAC.

JE vous attendois ce matin, et vous auriez du arriver ; vous savez que le retard d'un seul jour m'afflige et m'inquiéte. Les jours ne se ressemblent pas ; je suis triste aujourd'hui, et hier je fus de la plus grande gaïeté du monde. La reine et moi, en allant à la messe, nous nous amusâmes à porter nos regards sur un grand nombre de députés: des figures nouvelles sont toujours faites pour intéresser à la Cour. En passant dans la galerie, un homme du tiers fixa particulièrement notre attention; il avoit un visage mâle et noble, une taille nerveuse, qoique élancée: la reine sourit en me regardant, et me dit à l'oreille: la noblesse n'y fait rien; ces gens-là sont quelquefois mieux pourvus que les autres, que vous en semble? Je souris à mon tour, et nous convînmes de bonne fois mutuellement que de pareils députés dans un conseil de femmes, auroient bientôt gagné leur cause. Riez de cette scène, parce que vous devez en rire; tant pis pour vous, si vous vous en fâchez.

LETTRE

# LETTRE

## De la Reine à Madame de Polignac.

Que votre cabriolet et son cocher ordinaire soient prêts sur les cinq heures (1) ; on y montera au lieu où l'on a coutume, et nous descendrons près la Muette, dans cette allée où mon cœur s'est épanché plus d'une fois dans le vôtre, et où je suis venue quelquefois troquer ma couronne pour une rose.

(1) Ce n'est pas la première fois que la voiture de la duchesse Jules à conduit sa majesté INCOGNITO dans ces réduits charmans où les plus doux têtes-à-têtes et les libertés les plus gaies remplaçoient l'ennui des tabourets et les embarras de l'étiquette.

# LETTRE

## De l'abbé MAURI à l'abbé de VERMONT.

CELA ne commence pas mal ; il y a déjà de la désunion dans les trois ordres, avant même leur réunion. Il faut que les partisans du projet de la DÉCONVOCATION continuent à faire naître de nouvelles difficultés, et à aigrir les esprits par de nouveaux sarcasmes. Quand le trouble sera bien établie, le roi aura alors un droit légitime pour défaire ce qu'il a fait. Entendez-vous, ou allez-vous-en, leur pourra-t-on dire ; et comme on trouvera toujours des moyens pour empêcher qu'on ne s'entende, il faudra bien qu'on se sépare. Prenez les choses du côté que vous voudrez, envisagez-les sous le point de vue qui vous séduira le plus, vous concluerez toujours qu'il n'y a qu'un seul motif qui puisse excuser la dissolution des états-généraux, l'impossibilité de rapprocher les trois ordres. Aussi le parti ministériel, fondé à craindre que l'assemblée de la nation ne limite la puissance royale, doit-il tout employer pour fomenter un désordre qui puisse faire désirer la permanence de l'ancien régime. On ne pourra jamais dissoudre les états qu'en prouvant leur inutilité; et cette inutilité n'a point de plus forte preuve que leur désunion. Voilà ma façon de penser (1).

---

(1) L'inconséquence est l'apanage du françois. On desiroit les états-généraux; c'étoit le seul moyen, disoit-on, de sauver le royaume; à peine les représentans de la nation sont-ils élus, qu'on redoute de trop grands changemens, et qu'on appréhende d'être pire. Ce qu'il y a de certain et d'inconcevable, c'est qu'on se soit aveuglé dans sa propre cause, et

# BILLET

De la Reine à Madame la Duchesse Jules.

Venez aussitôt la réception de ce billet, ne tardez pas, venez bien vîte, je vous le répète. Vous savez sur quoi je compte ; le plaisir ne sera peut-être

---

que des hommes royalistes par sentiment comme par état, aient été les premiers à engager le roi à convoquer la nation. Ceux-là s'écartoient de leurs principes, et voilà l'inconséquence. Ils ont voulu revenir sur leurs pas, il n'étoit plus temps. Qu'ils s'en fussent tenus là, le mal n'étoit pas encore bien grand. Mais, ne pouvant changer les choses, ils ont cherché à détruire les hommes, voilà l'horreur et le sujet de l'indignation publique.

pas aussi étendu que je l'espère ; voilà le mal. Je voudrois que les femmes eussent le sort des papillons ; qu'elles pussent voltiger sur toutes les fleurs, et qu'elles n'eussent point à rougir de les avoir sucé toutes. Vous n'êtes pas encore rendue ; venez donc, je m'ennuye à vous attendre.

# LETTRE

De la même à la même.

QUE voulez-vous que je dise à tout ce que vous m'avez appris ? croyez-vous que ce mémoire (1) fasse impression,

(1) Ce mémoire est le dernier qu'a fait paroître madame de la Motte ; cette lettre est conséquemment mal placée, parce qu'elle précède des faits qui lui

et quand cela seroit, quel mal pourroit-il en résulter ? Est-il bien écrit par elle-même, et les choses y sont-elles détaillées comme vous savez qu'elles se sont passées ? Au reste, qu'est-ce que cela nous fait ? Je ne suis fâchée que d'une chose, c'est qu'on n'ait pas encore pu remplir mon desir, en soustrayant à la vie une femme que je dois détester.

J'aurois bien voulu être grosse pendant la tenue des états ; l'abbé (M. DE VERMONT) me l'avoit bien conseillé ; c'étoit, disoit-il, le moyen d'intéresser les françois que de paroître devant eux le dauphin à la main, et avec les mar-

---

sont antérieurs. Mais comme cet ouvrage a été fait à mesure qu'on trouvoit des matériaux, nous avons été obligés de déplacer quelques lettres ; on imprimoit d'abord celles qu'on avoit ; il nous en est ensuite tombé entre les mains, et nous avons préféré le déplacement à la soustraction.

ques qui présagent une nouvelle maternité. Comment faire ? Vous savez l'impossibilité d'un côté, et les difficultés de l'autre. Que vous seriez aimable et savante, si vous aviez le talent de pourvoir à tout selon mes vues ! Songeons sur-tout au succès de la grande chose (1).

---

(1) Cette phrase a quelque rapport, ce semble, au projet qu'ont eu les principaux aristocrates, d'écrraer tout pour tout gouverner. D'autres Lettres donneront sur cette horrible trame de plus amples détails.

# LETTRE

## Du Maréchal DE BROGLIO au Prince DE CONDÉ.

MONSEIGNEUR,

JE l'avois toujours prévu, et je l'ai dit une fois à VOTRE ALTESSE, que la plupart des députés nationaux seroient des loups affamés, qui, las de pousser des hurlemens, chercheroient une victime, et que cette victime seroit la haute noblesse. On sapera le clergé jusques dans ses fondemens, parce qu'on le méprise; on cherchera à nous déprivilégier, parce qu'on nous craint. Vous verrez s'élever sous l'ombre de la liberté une hydre terrible qui nous attaquera; et il est craindre que nous ne soyons pas des

Alcides pour la combattre. Le tiers est d'autant plus fort qu'on lui a d'abord plus accordé ; il se fonde sur des droits qu'il avoit perdus de vue et qu'il rappelle ; son grand nombre le rassure ; et nous ne faisons pas ce qu'il faut pour l'épouvanter et le décourager. Avec cinquante mille hommes, je me chargerois volontiers de dissiper tous ces beaux esprits qui calculent leurs prétentions, et cette foule d'imbécilles qui écoutent, applaudissent, et encouragent. Une salve de canons ou une décharge de coups de fusils auroit bientôt dispersé ces argumenteurs, et remis la puissance absolue, qui s'éteint, à la place de cet esprit républicain qui se forme. Mais il ne faut pas s'endormir au sein des dangers ; il faut que des hommes entendus, fermes, sûrs et en petit nombre, travaillent à la révolution, et se chargent de l'exécuter. Jamais conspiration ne fut plus utile ; je dirai sur cela de vive voix à VOTRE ALTESSE des choses fortes, vraies et senties.

---

# LETTRE

## De la REINE au Comte D'ARTOIS.

JE ferai, sur ce que vous m'avez dit, tout ce que vous voudrez. Mon plaisir est le vôtre, et votre façon de penser influe trop sur la mienne, pour que vous trouviez chez moi de la contradiction à vos desseins. Quant au chef (le roi) soyez tranquille ; nous en ferons ce que nous voudrons, et nous le menerons comme à l'ordinaire. Je n'aime pas assez les françois pour m'opposer aux coups qu'on leur prépare ; et l'on peut, sans être une MÉDICIS, se complaire un instant à les voir s'entre-détruire (1). Vous me direz ce qu'il faudra faire ; vous m'indiquerez les moyens,

(1) Ces sentimens ne doivent pas étonner ; cette reine s'est expliquée là-dessus plus d'une fois. Cette façon de voir, avec sa manière d'agir, qui est connue, doit justifier ces strophes d'une ode qui a paru sous le manteau, et qu'on attribue à M. de la Harpe, qu'on dit avoir été comblé de bienfaits par la reine même. Mais ce n'est pas la première fois que cet académicien a exercé sa verve contre ses amis ou ses bienfaiteurs.

Monstre échappé de Germanie,
Le désastre de nos climats,
Jusqu'à quand contre ma patrie
Commettras-tu tes attentats ?
Approche, femme détestable,
Regarde l'abîme effroyable
Où tes crimes nous ont plongés !
Veux-tu donc, extrême en ta rage,
Pour consommer ton digne ouvrage,
Nous voir l'un par l'autre égorgés ?

vous me marquerez les instans ; reposez-vous sur moi du succès.

Si vous aviez de l'important à me communiquer, et que l'occasion ne se présentât pas assez vivement pour me le dire, écrivez ; mais ne remettez qu'aux mains seules de la favorite, ( madame Jules ).

---

En vain je cherche en ma mémoire
Le nom des êtres abhorrés,
Je n'en trouve point dans l'histoire
Qui puissent t'être comparés.
Oui, je te crois, indigne reine,
Plus prodigue que l'égyptienne
Dont Marc-Antoine fut épris ;
Plus orgueilleuse qu'Agrippine,
Plus lubrique que Messaline,
Plus cruelle que Médicis.

LETTRE

# LETTRE

## D'un Inconnu à Madame de Polignac.

Il est inutile de me nommer ; cette lettre ne vons apprendra que trop qui je suis. Qui me l'eut dit, madame, que mon malheur prendroit sa source dans ce qui me présageoit le sort le plus heureux. Je n'ai point été votre dupe, et je ne m'attendois pas à être votre victime. J'ai parfaitement reconnu la personne avec laquelle vous m'avez fait trouver ; le silence et l'obscurité ne m'ont point fait prendre le change. Son carac ère (1)

(1) Une reine qui choisit un homme pour assouvir avec lui une ardeur de tempéramment qui n'a point d'exemple, et qui sacrifie ensuite cet homme, dans

devoit vous répondre de ma discrétion ; et je ne vois qu'une injustice atroce à m'éloigner d'un lieu où je tenois par besoin et par état. Les menaces qu'on m'a faites, en me communiquant l'ordre de partir, ne m'ont point épouvanté. Je sais tout ce qu'on peut craindre des grands, lorsqu'on a joui de la triste gloire d'être chosis pour être les instrumens de leurs plaisirs ; mais je saurai me soustraire aux poursuites de la puissance vindicative ; et rien ne pourra

---

la crainte qu'il ne parle, doit avoir une conscience à l'abri de tout remords, et un front qui ne sait plus rougir. Comment se décider à perdre un être qui nous conduit au temple de la volupté ? C'est une barbarie inconcevable, et à laquelle on ne croiroit pas, si l'on n'avoit sur cela le témoignage d'une expérience trop souvent réitérée. Que d'hommes que madame de Polignac a produits dans un boudoir pour sa souveraine, et qu'on a fait passer de là dans un cachot obscur ou dans un exil éloigné.

m'empêcher de vous reprocher ma misère, et de vous dire avec autant de hardiesse que de vérité, que le plus grand fléau des états est une confidente des princes, dont le talent est l'intrigue, et qui facilite à une reine le chemin du crime, et fait taire dans son ame la voix de la délicatesse et le cri du devoir.

---

# LETTRE

## Du Supérieur-Général de Saint-Lazare, au Cardinal DE LOMNIE.

---

AU début des états-généraux, on peut prédire que les motions seront vives, et que le dénouement sera long à venir. M. NECKER paroît plus affermi que jamais; tous les yeux sont ouverts sur lui; on espère tout de ses principes; et il n'y a qu'une trame ourdie plus fortement que finement, qui puisse occasionner sa chûte. La duchesse de Polignac, toujours l'amie du cœur, ou la femme du besoin, continue à dispenser la faveur, à mesure qu'elle en est trop accablée ; car il faut admirer sa prudence : elle ne donne jamais que ce qu'elle a de trop. On babille, cela ne l'étonne point ; on va jusques à crier, cela n'y fait rien ; c'est une roue en mouvement, il faut qu'elle aille. Le prince de Lambesc est venu me communiquer il y a deux heures, les démarches qu'on va faire pour exécuter de grandes choses ; notre maison sera vraisemblablement utile pour y recevoir des grains et des armes ; c'est l'abbé de Vermont, l'amitié dont vous m'honoriez, qui me vallent cette confiance du ministère, car le prince n'est venu ici que comme envoyé. Il ne m'a pas l'air d'un grand politique ; son nom et son rang font tout son mérite. Il m'a parlé d'une conjuration sourde, et dont les effets devoient être terribles. A l'esquisse du tableau qu'il m'a crayonné, les états devoient être dissous, et les députés presque détruits, ou la noblesse est écrasée, et les princes sont obligés de fuir. C'est un système digne du temps de ses fameuses conjurations, que le génie inventoit, que la fermeté faisoit enttreprendre, et dont le succès dépendoit du secret.

La haute cabale varie cependant un peu, et le duc d'Orléans semble vouloir faire bande à part. La reine et le comte d'Artois, dirigés par leur conseil, sont à la tête de tout; c'est lui qui passe aujourd'hui pour faire l'office d'époux, et à coup sûr il le fait mieux. Je félicite sincerement votre éminence d'être éloignée de cette capitale, qui est sur le point de devenir le théâtre de la guerre civile, le berceau du désordre, et le tombeau de la prospérité de la France.

# LETTRE

Du Prince DE VAUDEMONT, au Prince LAMBESC, son frère.

JE crois pouvoir répondre de mon régiment dans toutes les circonstances ; et le ministre peut faire partir ses ordres. Obtenez seulement, si mon régiment marche, qu'il soit campé auprès du vôtre ; je m'en vais tout préparer pour un prochain départ, sans cependant le faire entrevoir encore. La discipline sera un peu relâchée, pour être mieux maître des individus (1).

(1) C'est un abus que de croire pouvoir mieux gouverner le soldat, en relâchant la discipline. Il a l'idée du devoir ; et pour en faire ce qu'on veut, il faut le mener sans fierté dans le chemin

# BILLET

## De la Reine (1.)

Qu'on envoie promptement en Angleterre l'homme qu'on a choisi ; qu'on promette tout à cette femme, (madame de la Motte) et qu'on l'amène en Fran-

---

de l'honneur, sans injustice au cachot, et sans condescendance à la liberté. Mais le prince de Vaudemont, mestre-de-camp, propriétaire des dragons de Lorraine, étoit plutôt fait pour être en Normandie à la tête d'un troupeau de bœufs, que dans une ville de guerre, ou en campagne, à la tête d'un régiment. Ce prince n'a ni science ni délicatesse ; c'est un être lourd, tant au moral qu'au physique.

(1) Ce billet, écrit de la main de sa majesté, existe sans adresse.

ce ; il y aura des ordres pour la recevoir et pour décider de son sort. Sur-tout qu'on éloigne d'elle toute défiance ; sans cela le coup pourroit manquer.

Je m'ennuie des retards qu'on oppose pour ce qu'on sait ; j'abandonne tout si l'on ne s'entend pas mieux. M. NECKER m'ennuie encore plus que tout cela ; selon lui, il n'y a rien, il ne faut rien, et l'on ne peut rien avoir. Quelle diable de morale ce financier est-il venu nous prêcher ? Nous ménageons trop le plaisir pour que je sois contente ; aussi je baille à chaque instant. Qu'on opère donc la révolution ; et qu'attent-on pour commenser ? Dites vîte ce qu'il faut dire ; je suis toute prête ; mais je n'aime pas à attendre.

# LETTRE

De M. de Besenval au Maréchal de Broglio.

Il est absolument essentiel, monsieur le maréchal, que les colonels des troupes qui avancent sur la capitale, soient sûrs de leurs régimens ; il est aussi nécessaire que ces corps ne se doutent point de nos motifs ; c'est pourquoi l'ordre de donner ne doit leur être lâché qu'au moment même où il faudra donner. Son altesse le prince de Condé, m'a dit que tont alloit bien dans sa partie ; il m'a chargé de vous mander que Chantilli étoit garni en cas de besoin. Le moment approche, puisse le succès couronner notre œuvre !

# LETTRE

Du Bailli DE CRUSSOL au Comte d'ARTOIS.

JE ne sais point abuser VOTRE ALTESSE ROYALE ; je continue à croire et à lui dire que ce projet me semble entraîner de grands inconvéniens. Qu'on échoue, ou qu'on réussisse, il en résultera toujours de grands ravages. Je suppose qu'aujourd'hui on vienne à bout de détruire l'assemblée nationale, comment croit-on que le provinces recevront ce coup ? Suivront-elles le torrent de la Capitale ? Qui oseroit l'assurer ? Il y a bien du pour et du contre dans tout cela, monseigneur ; quoiqu'il en arrive, VOTRE ALTESSE me trouvera sans cesse dévoué à sa personne ; mais qu'elle ne perde pas de vue ce grand principe dans une forte conjuration, qu'il faut avoir l'assurance de la retraite, en cas que l'attaque soit défavorable. C'est donc à vous, monseigneur, à rassembler le plus de numéraire que vous pourrez, et à faire tenir prêt tout ce qui sera nécessaire pour fuir, si les circonstances exigent la fuite. Vous devez prévoir les plaintes qu'on formera, et les poursuites qu'on ne manquera pas de faire contre les moteurs de ce grand dessein, s'il n'étoit pas suivi d'un heureux succès. Je vous l'avoue, j'eusse désiré voir un autre prince à la tête de ce parti ; les avantages, selon moi, n'équivallent pas aux dangers ; c'est une partie mal combinée, on y joue double contre simple. Je vois, ou la Frrnce à deux doigts de sa perte, ou tous les princes, et une partie des grands seigneurs livrés à la proscription ; ce tableau n'est brillant d'aucun côté ; et il est permis sans foiblesse de trembler sur les évènemens qui vont s'opérer.

# LETTRE

## De l'abbé de VERMONT à la REINE.

TOUT est bien, tout va le mieux du monde. Les choses se trament dans le plus grand silence, et votre majesté peut tout espérer. Les préparatifs avancent pour le jour de la grande scène ; il faudra un prologue à cette tragédie ; ce sera l'éxil de M. NECKER, avec les ordres les plus précis pour se retirer sans éclat, et les menaces les plus terribles, s'il donnoit de la publicité à sa retraite. Paris une fois purgé de cette foule d'individus, dont le nombre seul est un obstacle à tout, la terreur s'emparera de tous ces députés si fiers,

fiers, et on les menera comme des agneaux à la boucherie. La couronne reprendra son premier lustre ; et les rois de France se garderont bien désormais de remettre leur puissance aux mains de leurs sujets (1).

---

(1) Si Louis XVI, en convoquant ses états, eût vu les choses se passer comme elles se sont passées, il auroit sans doute laissé à son successeur le soin de travailler à cette convocation. Un homme absolument impartial sur tout, qui ne seroit ni pour la démocratie ni pour l'aristocratie, concluéroit peut-être que la France avoit besoin de quelques réformes, mais que la manière dont les états-généraux s'y sont pris, est plus contraire qu'avantageuse à son bonheur. On a donné au peuple un esprit d'indépendance qu'il sera très-difficile de réprimer.

# LETTRE

## De la Reine à Madame de Polignac.

Le premier branle est donné pour la chûte de notte grand économe, (M. Necker), et le moment où il tombera tout-à-fait dépend de moi. On s'est mis cette nuit en droit de carresser, et l'on s'est efforcé à donner des preuves de son amour ; ces preuves ont été petites ; cela ne m'a pas étonnée, j'y suis faite. C'étoit un poids énorme. Oh que cela feroit un bon marteau ! il est dommage que le clou ne soit pas d'un fer assez trempé. Je sors toujours d'auprès de lui dans un état de desir qui me met tout en feu ; et je lui saurois gré des préludes, si j'avois sur le champ de quoi achever.... Vous m'entendez. Adieu:

ne laissez échapper aucune occasion de me dire comment va la grande affaire.

# LETTRE

## De M. Le Prêtre (1) au Prince de Condé.

Monseigneur,

Il vient de s'offrir une circonstance qui peut donner lieu à de tristes réflexions et à de grands inconvéniens. Un

(1) M. le Prêtre, ci-devant major du régiment d'infanterie, colonel-général, et aujourd'hui lieutenant-colonel du régîment de Provence, est un de ces officiers à qui une fermeté inhumaine tient lieu de mérite. Il ne voit dans le soldat qu'un esclave, et son art pour le conduire, est la prison ou le bâton. Cet

léger châtiment qu'on a été forcé d'infliger à deux soldats, a occasionné d'abord quelques murmures ; on a été ensuite jusqu'à se plaindre de la marche qu'on venoit de faire, et jusqu'à vouloir en pénétrer les motifs. Ce ne seroit encore rien jusqu'ici ; mais on dit généralement et tout haut, que nous ne marchons vers Paris que pour en détruire les habitans ; qu'on est françois, qu'on se moquera de l'ordre, et qu'on ne répandra jamais le sang du citoyen. Ces cris qui se font entendre dans ce régiment, perceront bientôt dans les autres ; et le parti des princes deviendra d'autant plus foible qu'on se sera appuyé sur des troupes qui refuseront le service. Il

---

officier eût fait sur la côte de Guinée un excellent conducteur de nègres ; il n'est dans son corps qu'un petit despote pour lequel on a un peu de crainte, et beaucoup de mépris.

est malheureux, Monseigneur, que chaque soldat n'ait pas mes sentimens; dirigés par le même principe, nous volerions au même but, et nous parviendrions à la gloire en courant à la vengeance.

## LETTRE

De l'Abbé DE VERMONT à la Duchesse DE POLIGNAC.

TOUT est perdu, Madame; courez vîte chez la reine, et conservez assez de sang-froid pour qu'on ne s'apperçoive pas de la nouvelle triste que vous allez apprendre. Paris est dans ce moment dans la plus grande confusion; le tocsin sonne par-tout, par-tout on court aux armes; le coup est sûrement manqué, et la mal-adresse en appartient au prince de Lambesc, qui a précipité ses ordres, et qui vient encore de prouver qu'il n'est bon à rien. Je ne peux vous en dire davantage ; mais d'heure en heure vous recevrer un courier.

---

# LETTRE

De la REINE à Madame de POLIGNAC.

---

JE sens comme vous, qu'il n'y a de remède pour l'instant que dans la fuite ; partez donc, et emportez mes regrets. Mettez de la célérité et de l'incognito dans votre route ; je ne vous oublirai jamais, voilà sur quoi vous pôuvez compter. Quoiqu'absente et éloignée, ne désespérez de rien ; nous sommes abattus, mais non pas vaincus. La jeune comtesse reste ici ; j'eusse mieux aimé le mari que la femme. Sentez-vous combien je vais m'ennuyer ? Adieu, partez ; vous reviendrez, et vous me trouverez toujours.

---

# LETTRE

## De l'abbé DE VERMONT à la REINE.

VOTRE majesté ne sauroit se faire une idée des troubles momentanés ; c'est une chose qui n'a pas d'exemples. Tout le monde est sur pied, et jusqu'aux femmes et aux enfants, tout est armé. Il n'y a point d'imprécations qu'on ne vomisse contre vous, contre le comte d'Artois, et contre les princes ; il n'y a point de menaces qu'on ne fasse contre vous tous ; c'est le jour de l'anarchie ; on ne connoît plus de pouvoir ; chacun n'écoute que ses craintes, et ne suit que ses ressentimens. Si jamais l'effervescence alloit jusqu'aux pieds du trône, que le peuple vous forçât à vous montrer, paroissez sans éclat, le dauphin à la main ; et que sur votre figure on voie un air de tristesse noble, qui puisse faire présumer que vous ne trempiez en rien dans ce qui s'est passé. On espère encore beaucoup, et comme vous le désirez, la révolution n'est pas absolument manquée, elle n'est que reculée.

## LETTRE

Du Supérieur de Saint-Lazare au Cardinal DE LOMÉNIE.

JE vous écris, Monseigneur, sans savoir si j'existerai quand ma lettre vous parviendra. Je ne fais point tomber mes craintes sur ces coups imprévus qui tiennent à la carrière des évènemens. Tout roule sur le moment actuel ; et les choses sont au point que le citoyen le moins répandu, ne peut pas répondre de son existence, ne seroit-il même pas de sa maison. Toute la capitale est en combustion ; on n'entend plus parler que de fuyards, de proscrits et de victimes ; cette ville n'est plus qu'un échaffaud ; on y va ou l'on y mène. Les grands ressorts de la machine se sont rompus, et la montre est filée avant que l'heure ait sonné. Une tête chaude, sans principe, sans talent, a gâté tout l'ouvrage. Le prince de Lambesc s'est pressé et a tout perdu. Vous connoissez le plan de la révolution ; l'abbé de Vermont vous en avoit fait part. Rien n'étoit mieux concerté ; et Paris, sans s'en douter, étoit bien près de sa ruine. Déjà la reine se complaisoit dans les évènemens, et replaçoit auprès d'elle ces illustres favoris, que la nécessité en avoit éloignés. On a soupçonné d'abord les premiers acteurs de la tragédie qui se préparoit ; on est tombé ensuite sur des seconds rôles, et ceux-ci ont été sacrifiés aux premiers (1). Il s'est commis ici des horreurs dont les tartares même ne seroient pas susceptibles, et vous en trouverez le détail ci-joint ; vous en frémirez, et vous jugerez par où l'on peut finir après un tel début.

Tous nos princes et le corps de la

(1) C'est un fait certain, et que tout le monde ne connoît peut-être pas encore, que M. de Launay, MM. Foulon et de Flesselles ont été égorgés et mutilés avant d'être entendus, parce que leur propre parti, craignant qu'ils ne dévoilassent tout, avoit prodigué l'or pour presser le supplice. On a distribué plus d'un million les jours de ces expéditions ; ainsi, qu'on serve bien les princes, en voilà la reconnoissance.

cabale sont partis, le duc d'Orléans seul est resté; et son conseil, qui est fin et rempli pour lui de vues ambitieuses, ne tend qu'à lui mettre la couronne sur la tête. MONSIEUR paroît garder la neutralité dans tous ces troubles; en effet c'est un homme neutre; et chaque cabale le regardera toujours comme tel. L'assemblée nationale frémit, et ne laisse pas cependant que de discuter toujours: on aura bien de la peine à porter la paix dans un royaume où les scènes du jour présagent la plus complette sédition. C'est du sang qu'on veut, qu'on demande, et c'est du sang qu'il faudra.

Aujourd'hui qu'on est un peu moins troublé, on se relève de sa chûte, et l'on croit être encore possesseur du fond de la boîte à Pandore. Le roi veut tout ce qu'on veut, et sera ce qu'on le fera. La cour est déserte, comme vous vous l'imaginez bien; le ministère a changé et rechangé dans l'instant. Enfin, monseigneur, rien n'est stable ici ; les promenades et les cours publics ne sont remplis que de gens prêts à faire le métier de bourreaux ; et les rues ne sont pavées que des listes des proscrits. Le siècle des CATILINA et des CÉSARS, offroit moins d'horreurs. O ma patrie ! quel est donc le destin qui t'attend !... Sauvons-nous dans la mêlée ; cherchons à connoître le parti le plus fort pour nous y mettre, et attendons tout du bonheur et du temps.

# CONCLUSION.

Nous eussions pu augmenter ce recueil de plusieurs autres lettres intéressantes qui nous restent à publier ; mais nous les réservons pour venir à la preuve de quelques anecdotes, dont nous ornerons la vie de madame de Polignac, à laquelle nous travaillons. Cette vie sera écrite avec cette sincérité et cette bonne foi qui dénotent un historien instruit des faits qu'il raconte. La duchesse, qui ne sauroit nous méconnoître à la publicité de ces lettres, sait mieux que personne, que sa vie nous est connue : nous la menerons de l'enfance à l'adolescence, et de la jeunesse à l'époque où elle est. Peut-être serons-nous alors obligés de nous nommer, parce que notre existence a tenu quelque temps à celle des êtres dont nous détaillerons la conduite ; nous irons plus loin ; nous avouerons que nous méritons bien le sort auquel on nous a livrés : le malheur et la honte devroient toujours être le partage de ces hommes mercénaires, dont les grands se servent pour leurs plaisirs : cette justice en dimimueroit peut-être le nombre. Nous vivons maintenant tranquilles au fond d'un royaume libre, où l'homme a le droit de penser et d'écrire; nous avions dans notre porte-feuille les copies ou les originaux des lettres que nous publions; et nous avons cru donner un ouvrage intéressant au public, en les livrant à l'impression. Madame de Polignac et M. l'abbé de Vermont sur-tout, n'auront jamais la hardiesse d'en récuser la vérité; car s'ils poussoient jusques-là l'impudence, nous serions assez fermes pour aller déposer leur signature dans le greffe qu'on indiqueroit.

Le lecteur se plaindra peut-être que l'ouvrage ne répond pas au titre, et qu'il est étonnant que madame de la Motte ne soit presque rien dans une production qu'on donne pour le supplément à ses Mémoires; que d'ailleurs le dévoilement de la reine est très-foible, et qu'on en savoit d'avance bien plus qu'il n'y en a d'écrit. Ces reproches peuvent être fondés ; mais nous n'avons pas forgé ces lettres, pour y insérer des anecdotes plus fortes, et pour y traiter ce qu'on auroit désiré ; nous en étions dépositaires, et nous les avons publiées comme elles ont été écrites.

# LETTRE

## De la REINE au Comte D'ARTOIS. Du 26 Mai 1790.

ENFIN nous allons partir, mon cher petit frere ; les CERBERES BLEUS veulent bien cesser, par lassitude, de nous tenir sans mouvement sous leur deux cents mille bayonnettes : mon benêt et moi, nous partons le vendredi 3 Juin pour St. Cloud. Je ne puis te peindre la révolution que fait dans mon cœur ce voyage si desiré... Mais helas ! tu n'y seras point ! ... L'espoir que cette vermine paiera bientôt tout ce qu'elle m'a fait souffrir de privation et de tourment, peut seul me faire supporter cette idée déchirante. Je verrai donc St. Cloud sans toi, mon doux ami, je le verrai sans l'ABBÉ et ma chere DIANE! et c'est à la canaille armée que je dois attribuer ce malheur?.... Ma haîne sera-t-elle toujours impuissante? Ne pourrai-je jamais tremper dans le sang impur des féroces parisiens, des mains qu'ils ont enchaînées depuis un an. Qu'ils tremblent, les monstres! ils recevront bientôt le salaire de leurs cruautés innouies. Je n'ai point encore oublié qu'ils ont souillé du sang de mes gardes mon apartement et jusqu'à mon lit; je n'ai point encore oublié qu'ils m'ont poursuivie la pique à la main jusques dans les bras de mon époux qu'ils n'ont osé égorger en présence de leur digne général, le héros américain; je n'ai point encore oublié qu'ils m'ont traînée prisonniere à Paris, et que j'y ai été captive, sans pouvoir et presque sans vie, tout le tems qu'il a plu à des soldats émigrans et parjure. . . Je pars, mais j'espère que je ne rentrerai dans ma prison que pour y contempler mon dernier ouvrage, le succès complet d'une entreprise avouée par l'équité, par tous les rois et par tous les hommes à qui il reste encore quelque vénération pour les malheureux ; mais . . . . voici la Fayette, je ne puis me dispenser de carresser ce lâche afin de le mieux étouffer. . . Je te quitte un instant, mon bon ami, pour entretenir ce HÉROS. Adieu.

---

# REPONSE

## Du Comte D'ARTOIS à la REINE. Du premier Juin 1790.

---

JE ne puis t'exprimer, ma chere amie, le plaisir avec lequel j'ai reçu de tes nouvelles, et sur-tout de pareilles nouvelles. Ainsi tout n'est pas désespéré : bien loin de là sans doute ; l'ARMÉE BLEUE va voir beau jeu dans peu de jours ; mais il est essentiel, je crois, que vous fassiez, mon frere et toi, de fréquens voyages à Paris, afin de mieux endormir les CERBERES BLEUS, dont nous abattrons, j'espère, les DEUX TÊTES (1). Mon pere arme, l'Espagne, l'Angleterre secondent cet armement par une guerre fictive ; le roi de Hongrie et le roi de Prusse ont conclu un traité de paix et s'avancent de concert dans les Pays-Bas à la tête de 80 mille hommes ; voilà ce que je prépare aux sanguinaires CRAPAUX de Paris... La cause des rois sera vengée, et la canaille remise à sa place... Je n'ose pas vous en dire davantage, malgré la confiance que j'ai en votre messager. Que sait-on? Soyez sûre au moins que dans deux mois vous serez libre et reine, que vos douze cents tyrans seront dispersés et punis, et votre armée de bandits défaite et taillée en pièce. Adieu ; je t'embrasse mille fois.

---

(1) Ceci est obscur ; sans doute que c'est de BAILLI et de LA FAYETTE que veut parler le petit frere.

FIN.

www.ingramcontent.com/pod-product-compliance
Ingram Content Group UK Ltd.
Pitfield, Milton Keynes, MK11 3LW, UK
UKHW031915260826
14628UKWH00003B/1217